DOLEY

THE GUATEMALAN STREET DOG

LA CARAVANA DE COLORES

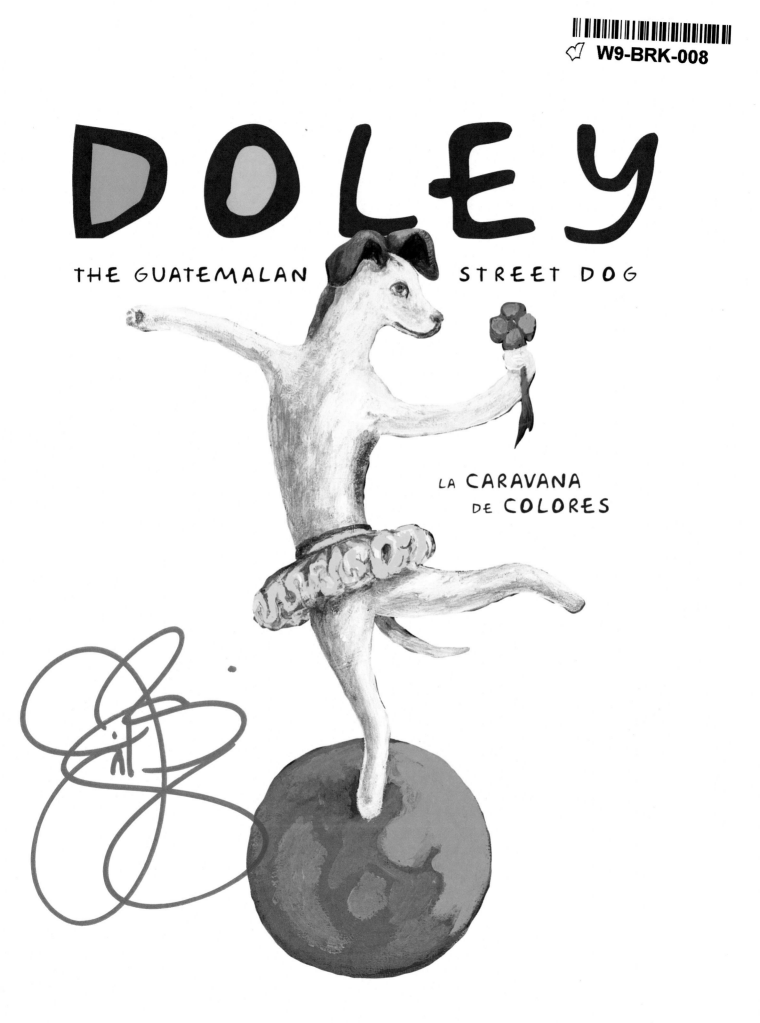

Doley and Chela watch the little village of San Marcos come alive each day. Guatemala is filled with beautiful things to see.

Doley y Chela observan el despertar del pueblo de San Marcos. Hay tantas cosas hermosas que ver en Guatemala.

Decorated tuc-tucs
wind through the
narrow streets.

Los tuc-tucs circulan
por las calles estrechas.

Women wash their brightly woven clothes on the shore of the lake.

Las mujeres lavan su ropa a la orilla del lago.

Fishermen cast their nets with infinite patience.

Los pescadores arrojan sus atarrayas con infinita paciencia.

For as long as Doley can remember,
she has been with Chela.

Desde siempre Doley ha vivido con Chela.

It is a friendship
written in the stars.

La amistad que
comparten estaba
escrita en las estrellas.

Doley loves her life in San Marcos with Chela. There is so much to see each day, but she dreams of seeing something new.

Doley ama su vida en San Marcos con Chela. Hay tanto que ver cada día, y sin embargo, ella sueña con ver algo nuevo.

The Caravan of Colors is coming to San Marcos!

¡La Caravana de Colores va a venir a San Marcos!

Doley wants to know all about it so Flaco, the oldest and wisest of the street dogs, shares tales of the Caravan of Colors. "El Maestro, the master of ceremonies, and his traveling group of jugglers, trapeze artists, and acrobats delight audiences with spectacular performances." says Flaco. Doley can't wait for the caravan to arrive. Life with the Caravan of Colors would be FUN!

Doley quiere enterarse de qué se trata, y Flaco, el más viejo y más sabio de los perros callejeros, le cuenta sobre la Caravana de Colores. "El Maestro, el maestro de ceremonias, y su grupo de los malabaristas, los trapecistas y acróbatas viajan en la colorida caravana, deleitando audiencias por dondequiera que van" dice Flaco. Doley ya quiere que lleguen. ¡Ser parte de la Caravana de Colores sería algo muy DIVERTIDO!

Doley feels like a shimmering star, filled with anticipation. She tries to be as patient as the fishermen, watching and waiting for the Caravan of Colors to arrive.

Doley siente que es una de ellas, una estrella que brilla de tanta emoción. Trata de ser tan paciente como los pescadores, en lo que aguarda la llegada de la Caravana de Colores.

That night, she has a fantastic dream.

Esa noche, Doley tiene un sueño fantástico.

In the morning, when the sun lights the sky in shades of pink, she sees them coming! There is El Maestro and the colorful caravan, just as Flaco described!

¡Por la mañana, cuando el sol tiñe el cielo con tonos de rosa ¡los ve venir! ¡Llegan El Maestro, y la caravana ¡tal como Flaco los había descrito!

She watches them all day as they set up the big tent.

Todo el día Doley los observa alzar la gran carpa.

Doley runs to the tent. She wants to be in the Caravan of Colors too! "You have stars in your eyes, little Doley" says Flaco. "You know, it's not easy to be a performer in the Caravan of Colors. You have to be very good at something, like juggling, or a trick."

Doley corre hasta la gran carpa. ¡Quiere ser parte de la Caravana de Colores! "Te brillan los ojitos" comenta Flaco. "¿Sabes? No es fácil ser artista en la Caravana de Colores. Tienes que dominar algún truco, como los malabaristas."

"I know how to do a trick!" says Doley, and she tries balancing on the big red ball. "Ouch!" She tries again, and falls. Doley practices all night.

"¡Yo sé cómo hacer un truco!" dice Doley, y se trepa sobre una gran pelota roja, tratando de mantener el equilibrio. "¡Ay!" exclama al caerse, y lo intenta de nuevo. Toda la noche practica.

Doley runs back to the big tent and practices the next night. She falls down again and again. Each time, she balances on the ball just a little bit longer. El Maestro watches Doley practice. He is always looking for new talented performers.

Doley corre de nuevo a la Caravana de Colores y practica su truco toda la noche. Doley se cae una y otra vez. Cada vez logra balancearse sobre la pelota más tiempo. El Maestro observa a Doley practicar su truco, desde lejos. Siempre está buscando nuevos artistas con talento.

Doley comes back to the tent again the third night. She walks up to the ball with confidence, jumps up, and STANDS! El Maestro is very impressed with her trick. "Would you like to perform with us in the big show?" he asks. "Yes, I would" says Doley, feeling very proud.

Doley regresa a la carpa la tercera noche. Se acerca a la pelota con confianza, brinca encima de ella y ¡SE PONE DE PIE! El Maestro está deslumbrado con las habilidades de Doley. "¿te gustaría participar en nuestro espectaculo?" le pregunta. "¡Sí me gustaría!" contesta ella, sintiéndose muy orgullosa.

The night of the big show arrives. The tent is filled with music and colorful performers of all kinds! Jugglers, trapeze artists, and acrobats, juggle, twirl, and flip across the stage in bright, sparkling costumes.

La noche del gran espectaculo por fin llega. La gran carpa resplandece con música y artistas vestidos con trajes de muchos colores. Malabaristas, trapecistas y acróbatas, desfilan por el escenario, haciendo sus piruetas y trucos en disfraces brillantes.

El Maestro announces, "And now, ladies and gentlemen, welcome Doley, the Guatemalan Street Dog!" Doley is so nervous! She steps on the ball and... STANDS!

El Maestro anuncia, "¡Y ahora, damas y caballeros, con ustedes Doley, la perra callejera de Guatemala!" Doley tiembla de los nervios. Pisa la pelota con cuidado y... ¡SE PONE DE PIE!

"Audiences around the world have never seen a trick like that before!" exclaims El Maestro. He is thrilled. "Great job, Doley. Join the Caravan of Colors and perform all over the world with us!" he says.

"¡Nunca habíamos visto un truco así!" exclama El Maestro. Al público le ha encantado, "¡Buen trabajo, Doley! Únete a la Caravana de Colores para que lo compartas por todo el mundo."

But Doley does not
want to see the world
without Chela.

Sólo que Doley no quiere
ver el resto del mundo
sin Chela.

The world is filled with amazing things to see, but for Doley, life is more fun and colorful when shared with Chela.

El mundo está lleno de cosas increíbles que ver, pero para Doley, la vida es más divertida y colorida cuando se comparte con Chela.

the End.

El final.

About the Author: Doley the Guatemalan Street Dog is directly inspired by the author's real life experience living in a bamboo treehouse above Lake Atitlán, in the small village of San Marcos, La Laguna. At the age of twenty, Jill met Doley, a starving little street dog. She nurtured Doley back to health and they spent the next fourteen years together as best friends and travel companions. Jill honors the beautiful land of Guatemala, and her special friendship with Doley, in this second of her series of bilingual picture books for children.

Sobre la Autora: El cuento de Doley la Perra Callejera de Guatemala fue directamente inspirado por la experiencia de la autora cuando vivió en una casita de árbol en el Lago de Atitlán, en la pequeña villa de San Marcos, La Laguna. Por aquél entonces Jill tenía veinte años y Doley era una perrita muerta de hambre. Jill la cuidó y la devolvió a la salud. De ahí en adelante vivieron como mejores amigas y como compañeras de viaje. Con este segundo cuento de una serie de cuentos bilingües infantiles, la autora honra la amistad tan especial que sostuvo con Doley, y la tierra tan bella de Guatemala.

About the Artist: Marcio Díaz was born in a small farming community in northern Nicaragua. His experiences as a child growing up in a rural environment gave him an awareness of natural beauty and lifestyle that he continues to cultivate in his art. While living in the Pacific Northwest he developed his signature style known as Bubblism. Though this style was not used in the book, examples of Bubblism, and his other works, can be found at www.marciodiaz.com.

Sobre el Artista: Marcio Díaz nació en una pequeña comunidad de agricultores al norte de Nicaragua. Los años de vida en ese entorno rural le procuraron una gran apreciación por la naturaleza que es evidente en su arte. Durante su estadía en el Noroeste del Pacífico adquirió su propio estilo conocido como el Burburjismo. Este estilo no fue el que se empleó en el cuento, pero para más información al respecto se puede visitar www.marciodiaz.com.

With special thanks to
Marcio Diaz, Jenn Huckins, Kevin Coryell, Maria de Lourdes Victoria,
Abby Neumiller Hanell, Jessica Steffens, Hanson Hosein, Kit and Lorraine Brazier.

82557065R00029

Made in the USA
Lexington, KY
03 March 2018